LA VIDA EN VERSOS

RL
Producciones literarias

Acerca de la traducción

No fue posible tener una consultoría sobre el uso correcto de palabras y expresiones de la lengua española. Ya me disculpo si he utilizado algo de forma incorrecta y estoy a la disposición para hacer las correcciones.

En algunas poesías no ha sido posible mantener las palabras originales debido a la diferencia fonética, sin embargo, hubo una adaptación al español que no compromete el contexto.

Acerca del libro

Los poemas han sido escritos para el autor participar en el Certamen de Humor Jara Carillo y en el 42 Premio de Poesía Ciudad de Badajoz, ambos en el año de 2023.

Desafortunadamente, el autor no fue el ganador.

Tabla de contenidos

Testigos silenciosos

Así como los pájaros, ustedes vuelan,
Sobre todo y todos, ustedes pasan.
Se esparcen como venas por todos los lados,
En todos los sitios, ustedes son encontrados.

Pasan por casas, sobrevuelan árboles y cruzan ríos,
Donde quiera que miremos, nos observan cables e hilos.
No hay límites para donde ustedes pueden llegar,
Hasta en la más distante ciudad, llegan allá.

Por medio de tu fuerza la electricidad es transmitida,
Electricidad que enciende todas las cosas e ilumina la vida.
Sin electricidad, la vida de los seres humanos pararía,
Nada de lo que usamos funcionaría.

Además de la electricidad, ustedes también cargan los datos,
Ustedes posibilitan que el mundo siga conectado.
En velocidad impresionante se produce la transmisión,
Hay comunicación instantánea de Brasil a Japón.

Diariamente, ustedes cumplen su misión,

Resistiendo a cada día y a cada cambio de estación.

Ustedes estarán allí hasta su último día de vida,

El día en que la vieja red cableada será sustituida.

Rutina

Despertar, comer, ejercitar,

Tomar baño e ir a trabajar.

Trabajar, almorzar y trabajar,

Regresar a casa, tomar baño, comer,

Quedarse sentado y ver la tele.

Dormir un rato y después despertar,

Otro día voy a empezar,

Nuevamente, me voy a preparar,

Repitiendo todo sin cesar.

La rutina controla mi vida,

Hago lo mismo todos los días.

Nunca hay nada nuevo para hacer,

Estoy en una película repetida en la tele.

La película termina y empieza nuevamente,

No hay descanso para la mente.

El cerebro funciona sin pensar,

De tanto repetir, sabe cómo ejecutar.

Estoy preso en un círculo sin fin,

No hay nada nuevo para mí.

Solo puedo continuar lo que empecé,

Acordar, comer, ejercitar.

Repetir todo otra vez…

Rojo y azul

Rojo y azul, rojo y azul, rojo y azul.
Ellos ya vienen y no sé lo que harán,
No sé de qué manera me tratarán,
Sé que en mi vecindad pronto llegarán.

Rojo y azul, rojo y azul, rojo y azul.
Vienen y dicen muchas cosas, ¿puedo confiar?
Ellos se acercan y sé que no me van a respetar,
Ven a una persona negra y comienzan a acosar.

Rojo y azul, rojo y azul, rojo y azul.
Acosan el negro sin ninguna razón,
Lo persiguen como si mereciera la punición.
Sus derechos no son tomados en consideración.

Rojo y azul, rojo y azul, rojo y azul.
Continúan hasta arrestar el perseguido.
Lo detienen y tratan como enemigo,
Actúan como si todo les fuera permitido.

Rojo y azul, rojo y azul, rojo y azul.

Otro negro ha sido llevado de su vecindad,

Otra persona puede ser víctima de la maldad,

Otra persona tiene robada su libertad.

Rojo y azul, rojo y azul, rojo y azul.

Ellos llevan a un inocente a la detención.

Allí él enfrentará castigos sin justificación,

Él simplemente fue echado en aquella situación.

Rojo y azul, rojo y azul, rojo y azul.

La violencia contra el negro fue demasiada,

Y su vida ha sido segada.

Pero esa no será la historia contada.

Rojo y azul, rojo y azul, rojo y azul.

Una mentira sobre el ocurrido será creada,

Una que diga que otras vidas estaban amenazadas,

Y la vida interrumpida no valía nada…

Caos

La ciudad no tiene policía,

El crimen ocurre a cualquier hora del día.

La ciudad no tiene autoridad,

La gente da rienda suelta a su voluntad.

La ciudad no tiene gobernante,

La violencia está en nivel alarmante.

La ciudad no tiene un legislador,

Crecen el miedo y el temor.

El estado no tiene gobernador,

Todo camina de mal en peor.

El estado no tiene buenas leyes,

Cada sitio estableció sus reyes.

El estado no responde a ninguna necesidad,

El pueblo vive en gran desigualdad.

El estado no tiene justicia,

La gente no tiene derechos en su vida.

El país no tiene presidente,

Nadie asiste a la gente.

El país vive en la deshonestidad,

Nadie vive correctamente ni habla la verdad.

El país no tiene solución,

Todos están condenados a la destrucción.

El país no durará mucho tiempo,

Todos morirán en un breve momento.

Cambios no deseados

Sé que las estaciones deben cambiar,

Es el ciclo natural en el que la Tierra debe pasar.

El planeta tiene que pasar por transiciones,

Hay beneficios en cada una de las estaciones.

Sin embargo, no me gustan todos los cambios,

No me gustan el invierno ni el otoño.

Estas son estaciones muy frías,

Estaciones con poca luz en los días.

En el otoño comienza el cambio en la apariencia,

La naturaleza pierde su vida, pierde su esencia.

Las hojas caen dejando los árboles desnudos,

Las miro y parece que veo otro mundo.

En el invierno hay más cambios en el paisaje,

La naturaleza muestra otra faz y habla otro lenguaje.

Oímos vientos fuertes diciendo que el frío llegó,

El tiempo más gélido y oscuro del año empezó.

Miro por la ventana y recuerdo los días de verano,

Días en los cuales el sol me estaba calentando.

Días en los cuales yo podía andar libremente,

Tiempos que salía a las calles toda la gente.

Echo de menos tener uno de esos días,

Si fuera posible, solo en el verano yo viviría.

Sin embargo, nadie puede vivir así,

Anhelo los días en los que la primavera vendrá a sonreír.

Dificultad para trabajar

Llego a mi oficina para empezar a trabajar,

Enciendo el ordenador para la acción comenzar.

Estoy listo para muchas tareas realizar,

Sin embargo, mi ordenador no quiere colaborar.

El arranque del sistema lleva una eternidad,

No parece un equipamiento de la era de la modernidad.

Siento que estoy lidiando con una máquina de la antigüedad,

Una máquina que ni puede sumar con agilidad.

La pantalla se congela con la información de bienvenido,

Aquel tiempo de espera acaba conmigo.

Quedo impaciente y nervioso con esa situación,

Quiero empezar a ejercer mi función.

Hay un cambio en la pantalla, algo pasará,

La verificación de errores va a empezar.

Eso significa que mucho más va a demorar,

Miles de acciones del ordenador, tengo que esperar.

Después de perder mucho tiempo esperando,

El ordenador parece estar funcionando.

Voy a utilizarlo, sin embargo, hay otra sorpresa,

El antivirus encontró una cosa sospechosa.

Él interrumpe todas mis acciones,

Debo esperar sus verificaciones.

Parece que finalmente puedo hacer mi trabajo,

El ordenador está liberado para ser utilizado.

Abro las herramientas que voy a usar,

Y el ordenador comienza a fallar.

Ninguna de las herramientas funciona correctamente,

Para hacer algo tengo que ser muy paciente.

Llamo al soporte informático para obtener ayuda,

Estoy cansado de estar solo en aquella lucha.

Uno viene y mi ordenador, empieza a analizar,

Después dice que no hay nada que arreglar.

Dice que todo está como debería estar,

Y no hay nada que hacer, solo debo esperar.

Soy gentil y le agradezco su atención,

Sigo trabajando aun en mala situación.

Poco a poco, la lentitud ha mejorado,

Y mi trabajo ya puede ser realizado.

Salgo de la oficina y siento la luz fallar,

Regreso al ordenador para ver cómo está.

Lo miro con tristeza y desilusión,

Él se apagó y está en nueva iniciación.

Aquellos días

Como eran maravillosos aquellos días,

Cuando eran mucho más sencillas nuestras vidas.

Vivíamos libremente sin ninguna preocupación,

Nuestro único deseo era tener diversión.

Por la mañana teníamos que ir a la escuela,

Y mismo estando allí, la vida era buena.

Unas cuantas materias teníamos que estudiar,

Todo era muy fácil, no había riesgo de reprobar.

Allí también era un lugar para encontrar a los amigos,

Un lugar donde muchos grupos se han establecido.

Grupos de niños con intereses parecidos,

Grupos donde cada uno se sentía incluido.

Regresábamos a casa apresuradamente,

El capítulo del dibujo ya estaba en nuestra mente.

Todos veían el mismo dibujo en la televisión,

Y más tarde, este era el asunto de la conversación.

Cada uno de nosotros era uno de los héroes,
Cada uno soñaba en cómo sería tener sus poderes.
Creábamos mundos imaginarios infinitos,
Mundos donde eran resueltos todos los conflictos.
En nuestra mente no había nada imposible,
En la imaginación, todas las cosas eran posibles.

Durante toda la tarde jugábamos en las calles,
Disputábamos torneos deportivos internacionales.
Éramos los deportistas que veíamos jugar,
Soñando que un día también estaríamos allá.

También pasábamos horas jugando al pilla-pilla,
O jugábamos a las escondidas, ¡qué maravilla!
A veces, los juegos iban hasta la noche,
Las madres iban a buscarnos con un "azote".
Todas se quedaban furiosas con nuestra demora,
La diversión no nos dejaba percibir la hora.

Regresábamos a nuestras casas solo para bañar,
Pensando que pronto volveríamos a jugar.
Esta era la tarea más importante de nuestras vidas,
Era así que vivíamos todos los días.

Recuerdos

A veces, recuerdo muchas cosas del pasado,
Recuerdo muchos sitios en los que he estado.
Recuerdo a mucha gente que he visto,
Tengo muchos recuerdos de lo que he vivido.

Echo de menos las calles en las que jugué,
Echo de menos las calles por las que caminé.
En aquel tiempo, todo parecía muy habitual,
Y hoy veo como todo aquello era especial.

Echo de menos la gente que vivió conmigo,
Era una vida maravillosa, llena de amigos.
Las relaciones eran mucho más sinceras,
Y seguramente hubo algunas peleas,
Pero no nos fijamos en ninguna de ellas.
No tardábamos en hacer las paces,
Y así, manteníamos las amistades.

Echo de menos las casas en las que viví,

Especialmente cuando yo paso cerca de allí.

Recuerdo cómo yo jugaba en aquella casa,

Recuerdo incluso cómo mi mamá gritaba.

Cada una de esas casas me trae sentimientos,

Cada una de ellas me revive los buenos tiempos.

Echo de menos a las chicas con las que hablaba,

Me arrepiento de no haber intentado conquistarlas.

Siempre estaba muy cerca de ellas,

Y siempre las veía muchísimo bellas.

En aquel tiempo, nadie pensaba en romance,

Todo el mundo solo deseaba divertirse.

Los días pasados son siempre más especiales,

Siempre son mejores que los días actuales.

¡Deseo desesperadamente volver a aquellos días!

¡Deseo revivir intensamente aquella vida!

Siempre presente

Adondequiera que haya gente, te encuentras allá,

Siempre esperando que alguien te vaya a usar.

Algunos te usan muy delicadamente,

Y otros, al contrario, te usan muy agresivamente.

Eres usado en toda clase de lugar,

Eres muy versátil, hay miles de maneras de usar.

Puedes ser usado para algo expresar,

O entonces solamente para algo comunicar.

No importa lo que, la gente siempre te usará.

Eres usado para expresar toda clase de emoción,

El amor, el odio e incluso te utilizan para pedir el perdón.

Eres usado cuando la gente está enfermada,

Y también para que la gente sea sanada.

Eres usado en los ambientes muy formales,

Y también en ambientes muy casuales.

Los ricos te usan, pero sus tipos son diferentes,

Ellos no usan lo mismo que usa toda la gente.

Puedes ser hecho de metal, plástico u otro material,
Independientemente de lo que es hecho, eres muy esencial.
Sin ti, muchos de los acuerdos no existirían,
Los planes grandiosos no se ejecutarían.
Todo el mundo se quedaría parado,
Faltaría lo más importante para el acuerdo ser firmado.

Faltaría el bolígrafo, el protagonista de la situación,
Sin un bolígrafo nadie firma su decisión.
Ellos son esenciales hasta para la más desarrollada nación,
Sin ellos, todo el mundo se quedaría en gran confusión.

Sin bolígrafos no habría las anotaciones,
¿Quién recordaría de lo que dicen en las reuniones?
Sin bolígrafos no habría los billetes cariñosos,
Ni los volantes con escritos melosos.
Sin ellos, las oficinas no tendrían comunicación,
Pues nadie podría registrar la información.

Espero que los bolígrafos vivan eternamente,
Que siempre estén en la vida de la gente.
Que el bolígrafo siempre sea reinventado,
Y de esa manera, nunca deje de ser usado.

Emociones

A veces, veo algo que me despierta la fascinación,
Miro hacia aquello y pienso: «¡qué gran perfección!»
Sigo mirando porque me gusta aquella sensación.

Otras veces las cosas me causan gran enfado,
Veo algo y muy pronto ya me quedo disgustado.
Me gustaría que ese recuerdo fuera borrado.

Hay muchas cosas que son dignas de adoración,
No la adoración religiosa, merecen la apreciación,
Es muy bueno lo que está delante mi visión.

Y hay aquello que merece solo el asco,
Causa gran repulsa y ni siquiera puedo mirarlo,
De ninguna manera puedo aceptarlo.

Otras cosas llenan mi ser con anhelo,
Deseo intensamente tener aquello,
Y soy dominado por aquel deseo.

Y muchas otras despiertan gran miedo,

Apenas les imagino y ya tiemblo.

Son cosas que seguramente no me acerco.

Hay días en que aprecio la diversión,

Aprecio cada momento de relajación.

Aprovecho todo lo que pasa en cada situación.

Otros días son hechos para el aburrimiento,

No hay nada bueno en ningún momento,

El día se arrastra en gran sufrimiento.

Vivo algunos momentos con mucha calma y tranquilidad,

Todo es maravilloso, la paz reina en totalidad,

Espero continuar viviendo esa buena realidad.

Las esperanzas son frutadas por alguna confusión,

Todo se pone caótico, todo parece tener desesperación,

Eso me deja perdido y sin buena reacción.

Hay momentos que soy dominado por la simpatía,

Trato de estar bien y transmitir una buena energía,

Quiero que todos alrededor vivan en alegría.

El contrario también pasa, y a veces, siento envidia,
Si no estoy bien, no quiero que nadie tenga alegría,
Hago mi mejor esfuerzo para perturbar su día.

Diariamente, veo a muchas cosas y aprecio su belleza,
Hay muchas cosas bellas, especialmente en la naturaleza,
Obras magníficas y especiales, obras con gran nobleza.

Y hay también las cosas que causan gran incomodidad,
Miro más de una vez, pues no creo que sea verdad,
Eso no debería estar a la vista, debería estar en la oscuridad.

Mis pensamientos a veces regresan al pasado,
Recuerdo los lugares, la gente y todo lo que he dejado,
Eso parece mejor de lo que tengo ahora a mi lado.

Mi miente también se pone ansiosa por el porvenir,
Desea estar en otro lugar, no desea continuar aquí,
Ella quiere un nuevo camino para seguir.

Cuando miro a mi esposa siento gran deseo,
Quiero tenerla en mis brazos y darle muchos besos,
Quiero disfrutar nuestra pasión con mucho sexo.

Y hay momentos que siento una dolorosa empatía,
Siento como si sus dolores fuesen las mías,
Hago mi mejor esfuerzo para aliviar su angustia.

Hay cosas que me causan gran excitación,
Dejando mi ánimo en gran agitación,
No quiero quedarme parado, quiero ir a la acción.

Veo también muchas cosas asombrosas,
Cosas que merecen una investigación minuciosa,
Porque produjeron una sensación muy espantosa.

Hay aquello que veo y ya estoy interesado,
Parece algo genial y deseo probarlo,
Estoy seguro de que tendré un buen resultado.

Veo también cosas que causan gran horror,
Solo en pensamiento ya causan gran temor,
Generan sentimientos de profundo dolor.

La vida también me brinda con muchas alegrías,
Soy bendecido con cosas buenas todos los días,
Hay momentos en los que todo es una gran maravilla.

Sin embargo, también hay momentos de tristeza,

Momentos en los que tiembla mi fortaleza,

Momentos difíciles sin ninguna grandeza.

Siempre hay romance con mi esposa amada,

Siempre vivimos de manera enamorada,

Siempre hay mucho amor y deseo en nuestra casa.

Ahora es mi momento de disfrutar la satisfacción,

Llegué al final de esta bella creación.

Creo que pude expresar un poco de cada emoción.

Es un gran triunfo llegar a este lugar,

Sé que hice mi mejor esfuerzo para te encantar,

Y espero que te haya podido emocionar.

La casa de la mente

La mente es como una casa con muchas divisiones,
En ellas viven los recuerdos, sentimientos y emociones.
Cada una de las habitaciones tiene su apariencia,
Cada una tiene su propia organización y esencia.

Los sentimientos positivos están en ambientes coloridos,
Todos usan muchos colores intensos, todo es muy vívido.
El amor abraza a todos los que entran allí.
Su gran cariño, él siempre desea compartir.

La alegría despierta las sonrisas y la animación,
Ella siempre dice que todos merecen la diversión.
La alegría no deja que nadie se ponga triste,
Si ella necesita, incluso hace un chiste.

La esperanza renueva a toda la gente.
Diciendo que todos deben seguir animadamente.
La ternura trata a todos muy amablemente.
Ella quiere que todos vivan muy afectuosamente.

El orgullo se muestra muy satisfecho por cada trabajo,

Él se siente feliz por todo lo que ha realizado.

La gratitud agradece a todos por su visita,

Y recomienda que todo el mundo sea grato por su vida.

Los sentimientos negativos están en sitios de color gris,

Parece peligroso adentrarse allí.

El miedo no deja nadie entrar,

Él siempre cree que todos le van a dañar.

La tristeza recibe a todos con llanto.

Y sin percibir, quien la visita, pronto está llorando.

La culpa siempre está muy avergonzada,

Siempre piensa que la gente va a criticarla.

El rencor rememora los dolores del pasado,

Él es libre, pero se comporta como alguien encadenado.

La envidia nota en todos que entran en su habitación,

Y todo lo que uno tiene, ella lo quiere para su posesión.

El odio ni siquiera deja a nadie entrar,

Aun en la puerta, toda la gente, él va a expulsar.

Él odia a todos sin ninguna razón,

Nadie puede acercarse a su habitación.

Uno debe cuidarse cuando anda por la casa de su mente,

Hay muchas puertas y caminos diferentes.

Uno debe seguir los caminos más vívidos y coloridos,

Aquellos que lo reciben bien y le tratan como un amigo.

De semilla a árbol

La vida de todo el mundo está en constante movimiento,

Siempre hay algo pasando en todos los momentos.

El ser humano nunca estará realmente parado,

Algo está siempre siendo desarrollado.

En el vientre, un nuevo ser humano comienza a crecer,

Sus funciones esenciales empiezan a aparecer.

Su minúsculo corazón da sus primeros latidos,

Los padres se quedan maravillados al oírlo.

El embrión se convierte en un bebé,

Como semilla en un florero, su cuerpo va a crecer.

No tarda y sus padres ya pueden ver como él será,

A cada nuevo examen, aumenta la expectativa.

Los padres quieren ver y tocar aquella nueva vida.

El vientre se hizo pequeño y el bebé debe salir,

Al enorme mundo, él tendrá que venir.

Un mundo donde todo será muy diferente,

Un mundo donde será visto y verá a mucha gente.

Los padres cuidan del bebé con amor incondicional,
Ambos quieren protegerlo de todo lo que es malo.
Su misión es garantizar que él crezca bien,
Convirtiéndose en una gran mujer o un gran hombre.

Hasta llegar a la madurez, hay un camino a ser recurrido,
Primero, el bebé se convertirá en un niño.
Uno aprenderá a caminar, hablar y se expresar,
Uno aprenderá cómo se debe comunicar.

De su pequeño jardín, el niño saldrá,
Con muchos otros brotes, él se encontrará.
Su vida en sociedad empezará,
Muchas cosas nuevas él verá.

Sus ramas y hojas continúan creciendo,
Marcas nuevas en su tronco están surgiendo.
Uno mira su cuerpo y ve cosas que no había,
Uno mira hacia otra persona y siente lo que no sentía.

El tiempo de nuevas relaciones ha empezado,

Por primera vez, uno está enamorado.

Uno aprende cómo es dulce el amor,

Y también cómo es sufrido el dolor.

En el momento de dolor, todo parece terrible,

Su recuperación parece imposible.

Sin embargo, las heridas siempre cicatrizarán,

El tronco se fortaleció para las tempestades que vendrán.

El tiempo no para, uno comprende lo que es responsabilidad,

La vida le enseña que uno debe encarar la realidad.

Sus padres no le podrán ayudar para siempre,

Sus padres no vivirán eternamente.

Aquel pequeño bebé se convirtió en un adulto,

La semilla se convirtió en un tronco robusto.

Alguien fuerte y valiente para encarar el mundo.

Alguien que hará su mejor esfuerzo todos los días,

Alguien que será el gran protagonista de su vida.

Buscando la sabiduría

Hay muchas cosas valiosas en la vida,

Y la más valiosa de ellas es la sabiduría.

Ella es tan valiosa que nadie puede comprarla,

La sabiduría es una joya que uno debe buscar.

Todos los días la sabiduría está a la disposición,

Uno debe pensar cuidadosamente antes de cada decisión.

Uno debe saber cuándo quedarse callado,

Saber el momento en el que algo debe ser hablado.

Una lengua refrenada evitará mucha confusión,

Una lengua sabia evitará mucha confrontación.

Uno puede buscar sabiduría en su trabajo,

Siempre buscando la mejor manera de ejecutarlo.

Uno también puede evitar de la pereza,

Haciendo sus tareas en tiempo cierto y con presteza.

Uno también puede encontrarla en su conducción,

Conduciendo cautelosamente, con gentileza y educación.

Evitando peleas y situaciones desagradables,

Evitando los comportamientos irracionales.

La sabiduría puede ser encontrada en el hogar,

Uno debe medir las palabras que hablará.

Debe cambiar el tono para el otro no se enojar,

En la reacción del otro, uno debe pensar.

Uno se debe poner en su lugar.

La sabiduría está al alcance y debe ser alcanzada,

Con acciones sencillas, ella puede ser practicada.

La práctica llevará uno a la perfección,

La sabiduría estará siempre en su mente y corazón.

Sonrisa

La sonrisa de la persona es su tarjeta de presentación,
Una sonrisa cambia completamente su expresión.
El que ve uno sonriendo se puede alegrar,
La sonrisa transmite que hay música en el aire.

Ver una sonrisa puede cambiar un mal día,
La sonrisa puede demostrar elegancia y simpatía.
El que gana la sonrisa será contagiado,
Y también sonreirá retribuyendo lo que ha ganado.

Una dulce sonrisa puede cambiar una situación,
La sonrisa puede ser un calmante y una solución.
Aquello que estaba oscuro y muy complicado,
Después de una sonrisa se convierte en algo claro.

La sonrisa tiene un poder encantador,
Después de verla, se puede empezar un nuevo amor.
La sonrisa despierta el deseo y la atracción,
La sonrisa puede encender una pasión.

Todos tienen ese poder en sus sonrisas,

Cada uno debe utilizarlo todos los días.

No te preocupes si no tienes la sonrisa que te gustaría,

Lo más importante es que compartas tu sonrisa.

Admiración a la distancia

Ansío el momento en el que te voy a ver,

El momento en el que cerca de ti, yo estaré.

Para mí esta es la mejor hora de mi día,

Es el momento en el que siento que tengo vida.

Es el momento en el que tengo alegría.

Me acerco y comienzo a observarte,

¡Cómo me gustaría acercarte!

No lo puedo, esta es una relación prohibida,

Solo puedo admirarte delante de mi vista.

Te veo bella, linda y tan maravillosa,

Veo tu forma y es siempre muy hermosa.

Mi corazón late fuerte cuando pienso en ti,

Sueño con el día en el que la tendré junto a mí.

A veces, pienso que debo dar lugar a mi deseo,

Debo acercarme a ti y hacer lo que tanto anhelo.

Algo dentro de mí dice que debo hacerlo,

Llegué a mi límite, ya no puedo esconder lo que quiero.

¡Decidí que hoy será el día en el que actuaré!

Todo lo que siento y deseo, declararé.

Respiré fundo y caminé hacia ti,

Estoy muy nervioso, ¡siento que voy a morir!

No sabía lo que hacer, te agarré y del expositor te saqué,

Y muy pronto alguien vino a reprenderme:

«¡Hey, chaval! ¡Suéltalo inmediatamente!

¡Sé que no lo puedes pagar! ¡Salga prontamente!»

Salí de la tienda muy rápidamente,

Aquella sabrosa tarta se quedó en mi mente.

¿Algún día lo podré comprar?

¿Algún día mi hambre se va a saciar?

Pasión

La pasión es uno de los más bellos sentimientos,

Un sentimiento que siempre se muestra intenso.

El apasionado vive el huracán de la emoción,

Su respiración acelera y late más fuerte el corazón.

En su espíritu, uno siempre tiene exaltación.

Uno no se pone feliz si está lejos de su pasión,

Uno hace su mejor esfuerzo para mantener la unión.

El apasionado quiere vivir la pasión intensamente,

El objeto de su deseo nunca deja su mente.

La pasión puede ser por una persona especial,

Una persona que uno considera excepcional.

Uno admira la persona y hace todo que ella desea,

Uno sabe que sin esa persona su vida no es bella.

Hay gente que se apasiona por su trabajo,

Trabajando en todo momento, sin límites de horario.

Sus tareas son su motivo de existencia,

La compañía es su sitio de residencia.

Uno puede ser apasionado por su familia,

Haciendo todo por ellos todos los días.

Uno no tiene vida fuera de sus seres queridos,

Pues siempre está asistiendo a sus pedidos.

Otros son apasionados por los equipos deportivos,

Van al estadio y siempre acompañan los partidos.

Uno vive la vida del equipo como si fuera su propia vida,

Compartiendo con el equipo las tristezas y alegrías.

El cuidado es necesario en todo tipo de pasión,

Para que ese sentimiento no se convierta en obsesión.

Dejando al apasionado en sufrimiento y desesperación.

Uno debe equilibrar su pasión con la moderación,

Para que pueda ser feliz y siempre vivir con satisfacción.

Eso también pasará

¿Estás pasando un mal momento en su vida?

No te preocupes, eso también pasará.

¿Piensas que hoy es el peor día de tu vida?

Mañana será otro día, eso también pasará.

¿Estás viviendo un momento increíble?

No te apegues a este momento, eso también pasará.

¿Estás sintiendo un dolor terrible?

El dolor se irá pronto, eso también pasará.

¿Estás viviendo una alegría excepcional?

Disfrútala a plenitud, eso también pasará.

¿Estás cansado de ver la injusticia y lo malo?

No te enfades tanto, eso también pasará.

¿Estás muy alentado con la bondad de la gente?

No te alegres demasiado, eso también pasará.

¿Su compañero le rompió el corazón?

Olvídate de esa persona, eso también pasará.

¿La ansiedad por una respuesta no te deja dormir?

Relájate y duerme, eso también pasará.

¿El miedo del futuro no te deja seguir?

Enfréntalo con valentía, eso también pasará.

¿Los días parecen malos y sin esperanza?

Cambia tu actitud, eso también pasará.

Nada es permanente, al fin y al cabo, todo siempre pasará.

La debilidad

El hombre se cree muy sabio e inteligente,

Siempre quiere reafirmar la superioridad de su mente.

Dice que maneja a todo con gran rigurosidad,

Sin embargo, ¡todo hombre tiene una gran debilidad!

El hombre no es derrotado por otro con más fuerza,

El hombre es derrotado por su "otra" cabeza.

Uno siempre se rinde ante la belleza.

¡Ante una curva, se van todas sus certezas!

No puede ver a un bello par de pechos,

Y eso le cambia sus prioridades y sus deseos.

El hombre no puede resistir a la tentación,

Una mujer hermosa le nubla el juicio y la razón.

Y cuando él ve a un trasero muy grande,

Él se queda mirándolo por un instante.

Delante de eso, uno pierde su sentido natural,

Uno empieza a comportarse como un animal.

Motivación para trabajar

Llego a mi trabajo e intento hacerlo con devoción,
Traigo dentro de mí una gran motivación:
Tengo muchas deudas que saldar.
Entonces, no tengo opción sino trabajar.

Si dependiera de mi voluntad, no trabajaría,
Aquí solo hay espinas todos los días.
En este trabajo nunca hay tranquilidad,
Siempre hay alguien testando mi bondad.

Uno viene y dice un montón de tonterías,
Otro viene y cuenta la historia de su vida.
¡Dios mío! ¡Cuánto aburrimiento tengo que sufrir!
Aguanto todo y todavía tengo que sonreír.

Esta es la vida dolida de gran parte de la nación,
Todos la soportan por la misma razón:
Todos trabajan duro para sobrevivir.
Pues debajo de un puente, nadie quiere vivir.

El precio del sueño

Tenía ganas de comenzar mi propia compañía,

No quería ser empleado, deseaba tener otra vida.

Un grandioso emprendimiento anhelaba empezar,

Pero antes de eso, la burocracia, tenía que enfrentar.

Pensé en los trámites y me quedé descorazonado,

Tendría que correr hacia muchos lados.

No hay camino fácil para quien desea empezar,

El gobierno es una fortaleza que me impide avanzar.

Fui a una oficina del gobierno con muchos documentos,

Ni siquiera me vieron y dijeron: «espera un momento.»

Esperé hasta que alguien tuvo ganas de trabajar,

Y pedí a Dios que no me vayan a rechazar.

Es muy usual dijeren que algo no está de acuerdo,

Si eso pasa, me enojo y de rabia, me muerdo.

Estaba harto de esperar y dije: «¿eso demorará?»

Y respondieron: «solo más un momento, ya te vamos a ayudar.»

El simple momento se convirtió en una eternidad,

No más podía aguardar con tranquilidad,

Mi angustia aumentaba y tenía gran aflicción,

Y para empeorar, nadie me daba ninguna información.

Después de mucho esperar, alguien me llamó,

Creo que finalmente gané su favor.

La persona analizó toda mi documentación,

Estaba muy atento a cada expresión.

Para mí, este es un momento de gran tensión,

Sudor, boca seca y casi me rompió el corazón.

La persona pareció satisfecha con lo que había visto,

Y dice que empezaría el proceso de registro.

¡Gracias a Dios! Ahora puedo respirar aliviado,

Ahora hay el más difícil: mi registro ser aceptado.

Debo aguardar una respuesta de la oficina,

Mientras lo espero, sigo con mis sueños y mi vida.

Sé que el gobierno es ocupado y eso demorará,

Sin embargo, la vida del ciudadano nunca parará.

Sueños posibles

Todos los días el mundo nos presenta una novedad,

Siempre vemos maravillas que nos darán la felicidad.

El mundo nos encanta con todo lo que es producido,

Toda la gente se asombra con los sueños que son vendidos.

Se vende el sueño de la belleza escultural,

No tendrás panza, sino un perfecto abdominal.

Su cuerpo será maravilloso y muy deseado,

¡Toda la gente alrededor va a mirarlo y envidiarlo!

Como un dios griego, tú serás adorado.

Debes hacer solo una cosa para eso pasar,

Es algo muy irrelevante, prácticamente pan comido.

Una fórmula muy poderosa vas a comprar,

Y mágicamente tu cuerpo va a ser esculpido.

Puedes confiar ciegamente, no hay riesgo…

También vemos el sueño de la fortuna ultrarrápida,

Tendrás millones de billetes instantáneamente!

El dinero vendrá hacia ti de forma mágica.

No tendrás que se cansar ni enfadar a tu mente,

Muy pronto, toda su vida será muy diferente.

Cambia tu vida, únete a nuestro grupo de inversión,

Con nosotros, tu retorno está garantizado.

No tendrás ninguna clase de preocupación,

Confía en nosotros y su dinero será multiplicado,

¡No hay posibilidad de que pase algo malo!

También puedes comprar el sueño del poder personal,

¡Tendrás poder para declararte inmortal!

Tendrás acceso a un poder que nadie tiene.

Estarás muy por encima del mal y del bien.

Dejarás de ser un don nadie para ser don alguien.

¡Comienza hoy mismo tu proceso de transformación!

Venga a nuestro evento para la gente victoriosa.

¡Sal de tu conformismo y resignación!

Renace en su nueva forma gloriosa,

Todo es posible mediante el pago y la contribución…

Puedes tener tu propio emprendimiento,

No tendrás que trabajar todo el tiempo.

Puedes ser el patrón y dueño de tu vida.

Podrás elegir cuanto trabajará a cada día.

Y aun tendrás muchas gratificaciones y regalías.

Venga a una reunión y descubra cómo tener libertad,

Aprende cómo ser un gerente fuerte como el diamante.

Aprende cómo liberar tu potencial y cambiar la realidad.

Esté dispuesto a escalar la pirámide y seguir adelante.

Esté dispuesto a abrir su mente y su billetera al instante…

Olores poderosos

A veces, entro en algunos baños y soy golpeado,

Todo está muy apestoso, parece que algo murió allí.

Si me quedo en aquel lugar, caeré desmayado.

Si no salgo apuradamente, no sé si voy a sobrevivir.

No sé lo que uno comió que lo salió tan destructor,

Ni siquiera las basuras tienen tan mal olor.

Creo que uno necesita una investigación,

Si no se cuida, la muerte le hará una invitación.

Uno es letal mientras estás vivo, cuando muera, ¿qué pasará?

Si vivo ya es muy desafiador soportar,

Cuando muera creo que la tierra le escupirá.

Acerca del autor

Rafael Henrique dos Santos Lima

Graduado en Procesos Gerenciales y M.B.A. en Gestión Estratégica de Proyectos en el Centro Universitario UNA. Cristiano por la gracia de Dios. Amante de la escritura (español, inglés, portugués), poeta y novelista.

Contactos

rafael50001@hotmail.com

rafaelhsts@gmail.com

Blog: escritorrafaellima.blogspot.com

Agradecimiento

Los sitios abajo contienen una gran cantidad de información y conocimientos útiles para la traducción y escritura del libro.

Bing AI

Google Translator

Google Docs

Language Tool

RAE

Spanish Checker

Agradecimiento especial

Agradezco a Dios. Él me dio la inteligencia para escribir los poemas.